INSTRUCTION POUR L'INFANTERIE,

Concernant l'exécution de l'Ordonnance du 7 mai 1750.

UR le compte qui a été rendu au Roi, des différences qui se trouvent dans la manière dont chaque régiment & souvent même les Soldats du même corps, exécutent une partie des commandemens qui sont compris dans ladite ordonnance ; Sa Majesté a ordonné de dresser la présente instruction, dont l'objet est d'apprendre à chaque Soldat en particulier à manier ses armes & à marcher, avant de les exercer ensemble ; d'expliquer & de perfectionner quelques mouvemens qui ont été mal entendus, ou dans la pratique desquels on a remarqué quelques inconvéniens ; & d'en ajoûter d'autres, qui, quoiqu'ils ne soient pas insérés dans l'Exercice, doivent cependant avoir lieu dans certaines occasions.

E'COLE DU SOLDAT.

Communication aux Officiers.

AUSSI-TOST que le Commandant de chaque régiment

aura reçû cette instruction, il en assemblera les Officiers pour la leur communiquer, & leur faire entendre que l'intention du Roi est qu'ils commencent par s'instruire eux-mêmes de ce que le Soldat doit exécuter, afin de se mettre en état de le commander à leur troupe, & d'être à portée d'aider les Officiers majors dans l'occasion.

Officier major. Le Major assemblera ensuite les Officiers majors du régiment, pour lire en leur présence, avec la plus grande attention, les différens articles de cette instruction, & surtout les explications sur les commandemens de l'exercice qui tendent à mettre plus d'exactitude & de précision dans les mouvemens ; s'exerçant avec eux à les bien exécuter, jusqu'à ce que tout l'Etat-major en soit parfaitement instruit.

Première classe. Il sera formé alors un état par compagnie, des Sergens, Caporaux, Anspessades & Soldats en qui l'on aura remarqué le plus de disposition à manier ses armes & à marcher; la totalité desquels sera partagée également entre les Officiers majors qui les exerceront, comme il sera ci-après prescrit, d'abord un à un, jusqu'à ce qu'ils aient acquis une exécution précise, puis deux à deux.

Seconde classe. Ces hommes choisis ayant été bien exercés, on en formera une première classe, qui instruira la seconde composée du reste du régiment, en répartissant par compagnie aux Sergens, Caporaux & Anspessades, & à leur défaut aux Soldats qui composeront cette première classe, ceux qui ne seront pas suffisamment instruits, pour les former suivant la même méthode qui leur aura été apprise.

Passage de la première à la seconde classe. Quand ces hommes chargés d'instruire les autres, croiront avoir mis quelqu'un en état de passer à la première classe, ils le présenteront d'abord aux Officiers de leur compagnie, qui l'examineront avec attention ; s'ils ne le trouvent pas encore assez exercé, ils refuseront de l'y admettre ; si au contraire l'homme présenté leur paroît dans le cas d'être reçû, lesdits Officiers le proposeront eux-mêmes au Commandant du régiment, qui le verra s'il le juge à propos, & le fera examiner par les Officiers majors: les fautes les plus légères suffiront pour le refuser; & nul ne pourra passer de la seconde classe à la première, sans avoir subi ce dernier examen.

Formation d'escouades.

Lorsque tout le régiment ou la plus grande partie aura passé à la première classe, on distribuera chaque compagnie en escouades de cinq ou six Soldats, qui continueront d'être exercés par les Caporaux, Anspessades ou anciens Soldats les plus instruits, de ladite compagnie, lesquels seront personnellement responsables du succès des exercices de leurs escouades vis-à-vis des Sergens, & leur en rendront compte: les Sergens se trouveront eux-mêmes à ces exercices toutes les fois qu'ils n'en seront point empêchés par leur service, ou pour d'autres soins indispensables attachés à leur place, & ils en répondront aux Officiers, qui s'en prendront directement à eux lorsqu'ils remarqueront du relâchement & de la négligence de la part du Soldat.

Jours des exercices.

Les Soldats de la seconde classe seront exercés tous les matins sur le rempart, ou sur la place du quartier, ou dans la chambre quand le temps ne permettra pas de sortir, par les Sergens, Caporaux, Anspessades, ou Soldats de la première classe auxquels ils auront été répartis.

Les Soldats de la première classe seront exercés au quartier tous les dimanches, par le Chef de l'escouade duquel ils seront; les Caporaux & Anspessades le seront tous les mardis après midi par les Sergens de leurs compagnies, & ceux-ci tous les 2, 12 & 22 de chaque mois aussi après midi, par les Officiers majors.

Remplacement des absens.

Si le Chef d'une escouade se trouve de service, malade ou absent le jour fixé pour les exercices de la première classe, le Soldat de cette escouade le plus ancien & en même temps le plus capable, l'exercera à sa place.

Le plus ancien & le plus capable des Caporaux exercera

de même les Caporaux & Anspessades, à la place du Sergent qui pourroit manquer.

Grenadiers.

Les compagnies de Grenadiers seront exercées de même que celles de Fusiliers; & on observera également, à l'égard des uns & des autres, tout ce qui est prescrit par cette instruction.

Permission de travailler.

Il ne sera donné de permission de travailler à aucun Soldat, que lorsqu'il aura été admis à la première classe; & cette permission ne le dispensera jamais de se trouver à l'exercice du dimanche: si l'on s'aperçoit qu'il se soit négligé, il sera remis à la seconde classe, & la permission de travailler lui sera retirée jusqu'à ce qu'il soit rentré dans la première.

Soldat en faute remis à la seconde classe.

Ceux qui, après avoir été admis à la première classe, se trouveront en défaut sur quelque partie de l'exercice que ce soit, seront remis à la seconde, non seulement pendant le temps nécessaire pour corriger ce défaut, mais encore quelques jours au-delà, selon que la faute qu'ils auront commise sera plus ou moins grande; & si cette faute provenoit d'une mauvaise habitude contractée depuis long-temps par la négligence du Sergent & du Chef d'escouade, ce Sergent & ce Chef d'escouade seront punis très-sévèrement, ainsi que le Soldat.

Exercice de la garde montante.

La troupe destinée à monter la garde sera exercée par première & seconde classe, immédiatement après la première inspection faite au quartier & dans le lieu même où cette inspection aura été faite: il sera commandé tous les jours à l'ordre à cet effet un Capitaine en pied par régiment composé d'un ou de deux bataillons, lequel sera chargé de l'exercice des Soldats de la première classe qui manœuvreront ensemble; le Sergent le plus ancien de ceux qui monteront la garde, exercera en même temps ceux de la seconde classe, & il sera aidé par les autres Sergens & Caporaux montant la garde, suivant le nombre.

Dans

Dans les régimens composés de trois ou quatre bataillons, la garde sera partagée entre deux Capitaines en pied qui seront commandés pour en exercer chacun séparément une moitié.

Exercice de quatre compagnies par bataillon.

Il sera commandé tous les deux jours à l'ordre par chaque bataillon, un Officier, Capitaine en second, Lieutenant ou Enseigne, pour exercer ensemble l'après-midi quatre compagnies formant au moins soixante-quatre hommes de la première classe. Ces Officiers seront nommés chacun à leur tour, de même que les compagnies, dont les Caporaux & Anspessades seront dispensés de cet exercice, hors le cas où ils deviendroient nécessaires pour compléter le nombre de soixante-quatre.

En quoi consistera l'exercice.

Toute l'Infanterie sera exercée à marcher uniformément les différens pas prescrits ci-après, & à exécuter de même les commandemens du maniement des armes.

Trois pas en avant.

On commencera par apprendre aux Soldats à marcher sans armes, trois sortes de pas en avant; le petit pas, le pas ordinaire & le pas redoublé: on ne passera à l'instruction du second pas que quand le Soldat aura exécuté le premier comme il convient, & qu'il y sera bien affermi; l'on observera de même de n'en venir au troisième pas, qu'après que les hommes exercés seront bien sûrs des deux premiers.

Longueur & durée de chaque pas.

La longueur du petit pas sera déterminée à huit pouces, celle du pas ordinaire à vingt-quatre pouces, & ces deux espaces seront toûjours parcourus dans le même temps d'une seconde, à commencer de l'instant où la jambe sera mise en mouvement, jusqu'à celui où elle sera posée. Quant au pas redoublé, sa longueur sera aussi fixée à vingt-quatre pouces; mais on y apportera le double de vîtesse, de sorte que l'on fasse deux de ces pas en une seconde.

Lignes divisées.

Pour accoûtumer les Soldats à former ces pas régulièrement, on tracera deux lignes divisées exactement, l'une en eſpàces de huit pouces, & l'autre en eſpaces de vingt-quatre pouces: on exercera d'abord les Soldats un à un, enſuite deux à deux, à parcourir ces deux lignes dans le temps preſcrit, de manière qu'à la fin du ſoixantième pas de huit ou de vingt-quatre pouces, il ſe ſoit écoulé préciſément une minute, & pour le pas redoublé le même temps d'une minute à la fin du cent vingtième pas; & l'on fera bien obſerver au Soldat cette meſure de temps, pour qu'il s'en reſſouvienne lorſqu'il marchera dans le bataillon.

Le Soldat étant rompu à parcourir ces lignes, on en tracera d'autres diviſées de cinq en cinq pas, de dix en dix, de vingt en vingt, de quarante en quarante, & de ſoixante en ſoixante, afin de voir s'il parcourra ces différens eſpaces dans le temps & avec le nombre de pas preſcrits.

Pour s'arrêter. On accoûtumera le Soldat à s'arrêter au mot de *halte* en marchant ces trois ſortes de pas, & à placer ſur le champ, après ce commandement fait, le pied qui ſeroit derrière, ſur le même alignement de celui qui ſera devant.

Forme du pas. Le pas ſera toûjours fait en un temps: la jambe tendue ſera portée en avant ſans nulle affectation, le pied raſant la ſurface du terrein ſur lequel on marchera, & poſant à terre, de manière que chaque partie y appuye en même temps.

Marche avec armes. Lorſque les Sergens, Caporaux, Anſpeſſades & Soldats auront été ſuffiſamment exercés à marcher en avant ſans armes, on les fera marcher avec leurs armes un à un, deux à deux, quatre à quatre, huit à huit, douze à douze & ſeize à ſeize, ſur un, deux, trois & quatre rangs, tantôt à rangs ouverts, tantôt à rangs ſerrés, ayant attention qu'ils marchent bien droit devant eux, les épaules toûjours alignées, & les rangs à la diſtance preſcrite par l'ordonnance du 7 mai 1750, juſqu'à ce qu'ils ſoient ſûrs de leurs pas, de la meſure de temps à y employer,

& de tout ce qui peut être relatif au mouvement en avant.

Quand, pour exécuter ces marches ſur pluſieurs rangs ou pour l'exercice du feu, on joindra pluſieurs eſcouades enſemble, le plus ancien des Caporaux, Anſpeſſades ou Soldats prépoſés à ces eſcouades, les commandera.

Pas de côté.

Les Sergens, Caporaux, Anſpeſſades & Soldats ſeront enſuite exercés à marcher les deux eſpèces de pas de côté, celui qui s'exécute ſans ſortir du même alignement, & celui qui ſe fait dans un ſens oblique en gagnant du terrein en avant, tous les deux exécutés de gauche à droite & de droite à gauche.

Sur le même alignement.

Le pas de gauche à droite ſur le même alignement s'exécutera en portant le talon du pied gauche appuyé en équerre contre la pointe du pied droit, & enſuite le talon du pied droit à huit pouces du point où étoit la pointe de ce même pied.

En gagnant du terrein en avant.

Le pas de côté en gagnant du terrein en avant ſur la droite, ſe fera en portant le pied gauche vis-à-vis, à huit pouces en avant de la pointe du pied droit, & celui-ci huit pouces en avant de la droite de la pointe du pied gauche, obſervant l'obliquité néceſſaire pour arriver au lieu où on veut aller par la ligne la plus droite.

Pour marcher de droite à gauche, on exécutera les mêmes choſes, le pied droit faiſant alors l'office du gauche, & le gauche celui du droit.

Durée des pas de côté.

Chacun de ces pas de côté ſera fait en une ſeconde; pour cet effet les Soldats ſeront également exercés à en faire ſoixante par minute, en les prenant toûjours un à un, deux à deux, quatre à quatre, huit à huit, douze à douze & ſeize à ſeize, ſur un, deux, trois & quatre rangs; obſervant que les jambes ſoient toûjours bien alignées, & que l'obliquité du mouvement ſoit la même pour tous les hommes qui devront ſe mouvoir enſemble ſur des directions parallèles entre elles pendant toute la durée du mouvement.

On accoûtumera le Soldat à s'arrêter & à se dresser au mot de *halte*, comme il a été dit pour le pas en avant.

Tambours. Les Tambours seront aussi exercés à marcher les différens pas dont il a été parlé, & dans la mesure de temps prescrite à chacun: on les prendra un à un, deux à deux, quatre à quatre, huit à huit & enfin tous ensemble, en commençant par le petit pas, ensuite le pas ordinaire & le pas redoublé, & finissant par les deux espèces de pas de côté.

Maniement des armes. Le Soldat étant habitué aux différens pas en avant & de côté, on l'instruira au maniement des armes, conformément à l'ordonnance du 7 mai 1750, ayant égard aux observations ci-après expliquées.

On prendra d'abord les Soldats un à un, & on leur fera exécuter tous les temps avec vivacité & précision.

On les mettra ensuite deux à deux & jamais en plus grand nombre, & on prendra garde qu'ils partent bien ensemble.

Le Soldat de la gauche devant se régler sur les mouvemens de celui de la droite, on les fera changer de place alternativement.

Temps du feu. A l'égard des temps du feu, pour mettre en joue, tirer & recharger les armes, les Soldats, après y avoir été exercés séparément & successivement sur les mouvemens particuliers à chaque rang, y seront employés par quatre, huit, douze & seize hommes à la fois sur quatre rangs, & on leur fera marquer les temps très-légèrement, afin d'en pouvoir porter la vivacité au point de tirer trois coups au moins par minute, la bayonnette étant toûjours au bout du canon du fusil, abrégeant en ce cas, autant qu'il sera possible, les intervalles de temps qui sont prescrits ci-après pour le maniement des armes.

Indépendamment

Indépendamment des exercices particuliers ci-dessus ordonnés, chaque bataillon sera exercé en entier au moins une fois tous les huit jours, depuis le premier mai jusqu'au premier septembre; & tous les bataillons d'un même régiment le seront ensemble une fois en quinze jours.

Exercices des bataillons & régimens.

Dans les huit autres mois de l'année, les bataillons s'exerceront une fois tous les quinze jours, & les régimens de plusieurs bataillons tous les mois.

Les Soldats de la seconde classe ne seront point confondus dans ces exercices avec ceux de la première, & ils seront exercés ensemble à l'écart sur la gauche, ou derrière le bataillon ou le régiment.

Obligations des Officiers.

Les Capitaines, Lieutenans, Sous-lieutenans & Enseignes seront tenus de savoir exécuter & commander le maniement des armes & les différens pas.

Ceux des Lieutenans, Sous-lieutenans & Enseignes qui ne seront pas suffisamment instruits, seront exercés tous les jours l'après-midi par un Officier major qui les commandera l'épée à la main, jusqu'à ce qu'ils soient bien rompus aux différens pas en avant & de côté, au maniement des armes & à l'exécution vive des temps du feu; après quoi ils ne seront plus exercés que le 3 & le 18 de chaque mois, avec les autres Lieutenans, Sous-lieutenans & Enseignes.

Le Commandant du corps se trouvera, le plus souvent qu'il lui sera possible, aux exercices des Lieutenans, Sous-lieutenans & Enseignes; & lorsque quelque cas imprévû l'empêchera d'y aller, il aura soin de faire avertir le plus ancien Officier après lui, afin qu'il s'y trouve à sa place.

Outre le Capitaine qui fera faire l'exercice au détachement de chaque régiment commandé pour la garde, comme il est dit ci-dessus, il sera commandé tous les jours un Officier par bataillon, pour être présent aux exercices du quartier : cet Officier aura la plus grande attention à examiner ſi tous les Soldats du bataillon ſeront effectivement exercés de la manière dont ils doivent l'être ; il ne ſouffrira pas qu'on leur paſſe la moindre négligence, & il ſera tenu d'en rendre compte au Commandant.

Toutes les fois que le bataillon ou le régiment prendra les armes pour s'exercer, les Officiers ſalueront de leurs armes de pied ferme & en marchant, & les Enſeignes du drapeau, le Commandant étant à leur tête.

Exercice remis. Quand il ſurviendra quelque circonſtance qui empêchera de faire aux jours preſcrits l'exercice, ſoit des Officiers, ſoit des Sergens, Caporaux, Anſpeſſades & Soldats, le matin ou le ſoir, en général ou en particulier, cet exercice ſera renvoyé au lendemain.

OBSERVATIONS

Sur quelques commandemens de l'Ordonnance du 7 mai 1750.

PREMIER COMMANDEMENT.

Préparez-vous à faire l'Exercice.

ON avertira les Soldats d'avoir l'air fier ſans contrainte dans toutes les ſituations où ils ſe trouveront.

On les fera partir immédiatement après le dernier mot du commandement lorſque le maniement des armes s'exécutera à la voix, & auſſi-tôt après le coup de baguette quand il ſera exécuté au ſon de la caiſſe; & on les inſtruira à mettre une ſeconde entre l'exécution de chaque temps des commandemens qui en ont pluſieurs.

Celui qui commandera l'exercice s'habituera à mettre deux ſecondes de repos entre l'exécution d'un commandement & le commencement du ſuivant, & ce même intervalle ſera obſervé par les Soldats quand ils feront l'exercice à la muette.

Pour mettre toute la préciſion poſſible dans ces différens repos, on accoûtumera les Soldats à compter *un, deux,* pour la valeur d'une ſeconde, & à répéter cette formule autant de fois qu'ils auront de ſecondes à attendre pour exécuter leurs mouvemens; au moyen de quoi il n'y aura plus de prétexte pour faire avancer un Soldat qui leur ſerve de modèle, ce dont il eſt de toute néceſſité de les deshabituer.

Quant à l'exécution des mouvemens, on aura attention que les Soldats y emploient la plus grande vivacité, qu'ils arrivent à l'objet propoſé par la voie la plus courte, paſſant toûjours leurs armes très-près du corps, ſans ſouffrir aucuns mouvemens alongés; qu'ils n'y mêlent rien d'étranger,

& qu'à la fin de chaque temps il y ait une cessation totale de mouvement.

2.e COMMANDEMENT.

Portez le fusil en avant.

On observera que tout ce qui est ordonné au premier temps doit être fait dans le même instant.

Qu'au second temps l'avant-bras gauche soit collé au fusil, & le coude droit serré au corps, le Soldat ayant la tête & le corps bien fermes.

Qu'au troisième temps la main droite doit se placer au bout du canon au même moment que le bras gauche tombe tendu de toute sa longueur.

6.e COMMANDEMENT.

Portez vos armes sur l'épaule.

Au troisième temps le Soldat aura attention de ne faire aucun mouvement de la tête ni du corps, & que le fusil, en arrivant à l'épaule, y trouve sur le champ sa situation, en même temps que le Soldat serrera le coude gauche au corps.

Au quatrième temps, en laissant tomber la main droite pendante sur le côté, il observera de contenir le porte-cartouche pour l'exécution des quatre commandemens suivans.

7.e 8.e 9.e & 10.e COMMANDEMENS.

A droite, à gauche, demi-tour à droite, demi-tour à gauche.

Les attentions qu'il faut avoir dans ces quatre commandemens, consistent à garder exactement l'intervalle de six pouces entre les deux talons, à ne point laisser chanceler le corps ni les armes, à ne tourner ni trop ni trop peu, & à exécuter les mouvemens brusquement, sans sauter.

15.e COMMANDEMENT.

Retirez vos armes.

Au lieu de laisser tomber le fusil horizontalement,

ment, on le retirera vivement, la crosse sous le bras droit, & le bout du canon plus élevé d'un pied & demi que le bassinet, la platine vis-à-vis la poitrine, la soûgarde en avant & au dessus du teton droit, le coude gauche collé au corps, & le pouce de la main droite sur le chien, prêt à le mettre en son repos: à l'égard des pieds, on rapprochera le droit à six pouces & en équerre derrière le gauche.

19.e COMMANDEMENT.

Amorcez.

Les armes seront tenues fermes dans leur position, & la main droite sera portée à la fin du temps derrière la batterie.

21.e COMMANDEMENT.

Passez vos armes du côté de l'épée.

Au lieu de faire un demi-tour à gauche pour exécuter ce commandement, on fera les mouvemens suivans en deux temps.

Au premier, en même temps que l'on avancera le pied droit pour joindre les deux talons en équerre, & que le corps se tournera un peu sur la gauche, on baissera la crosse du fusil avec les deux derniers doigts de la main droite, la faisant couler vivement le long du corps, & la portant par le même mouvement, appuyée contre la partie extérieure de la cuisse gauche, le bras droit étendu dans toute sa longueur, les armes bien à plomb, le canon du fusil tourné en dehors, & la main gauche glissant le long du canon jusqu'à la hauteur du menton.

Au second temps, sans que le corps ni les jambes remuent, on baissera vivement les armes avec la main gauche, de façon que le canon du fusil reste toûjours en dehors, & que le talon arrive à quatre doigts de terre & à environ quatre pouces sur la gauche du pied gauche, la main gauche tenant ferme le fusil appuyé vers le ceinturon, le bras un peu courbé; & l'on portera la main droite brusquement à la hauteur & touchant le bout du canon avec les deux derniers doigts, le cooude détaché du corps.

23.e COMMANDEMENT.

Tirez la baguette.

On la tirera par deux mouvemens de bras très-prompts, la faisant retourner dans un sens parallèle à celui du corps, de manière qu'elle passe entre l'intervalle que laisse entre les files l'effacement du corps.

Quand un Soldat fera tomber sa baguette par mal-adresse, ou son chapeau, ou sa bayonnette, en quelque temps de l'exercice que ce soit, il ne la ramassera point, & il attendra que l'Officier qui commandera l'exercice, donne ordre à un Sergent de le faire.

24.e COMMANDEMENT.

Bourrez.

En reportant la baguette sur le ceinturon après avoir bourré, on la raccourcira à environ un pied du petit bout.

25.e COMMANDEMENT.

Remettez la baguette en son lieu.

On enfoncera d'abord la baguette jusqu'à ce que la main touche le bout du canon, ayant attention de lui faire bien enfiler les deux premiers tenons, pour qu'elle puisse être enchassée tout de suite, après quoi les Soldats auront attention de déployer ensemble le bras droit, sans depasser la pointe de la bayonnette, pour pousser la baguette d'un seul mouvement qui ramenera la main droite au bout du canon qu'elle empoignera tout de suite.

26.e COMMANDEMENT.

Haut les armes.

Ce mouvement sera réduit à un seul temps au lieu de deux, pendant lequel on relèvera le fusil de la main gauche, & on le saisira tout de suite avec la droite au dessous de la platine, plaçant dans le même instant le pied droit à côté du gauche, sur la même ligne, faisant face en tête.

28.e COMMANDEMENT.

Portez vos armes sur le bras gauche.

A la fin du second temps le fusil doit se trouver dans une situation perpendiculaire, le canon en dehors.

33.e COMMANDEMENT.

Posez le fusil à terre.

Au premier temps, le Soldat, en tournant sur les deux talons, doit prendre garde que son fusil continue d'être bien perpendiculaire.

Au second temps, il laissera couler la main jusqu'à la moitié du canon, en faisant en avant un pas de deux pieds pour poser le fusil à terre; ce qui s'exécutera en courbant le corps très-brusquement & comme tout d'une pièce, & portant la main gauche derrière le dos pour contenir la bretelle de la giberne.

35.e COMMANDEMENT.

Haut le fusil.

En élevant le fusil de la main droite au premier temps, on aura attention que cette main ne passe pas la pointe du chapeau.

39.e COMMANDEMENT.

Renversez le fusil.

Au troisième temps en renversant le fusil, la crosse doit passer entre le bras droit & le corps.

40.e COMMANDEMENT.

Portez le fusil sur l'épaule.

Au deuxième temps la crosse du fusil doit passer de même entre le corps & le bras droit.

44.e COMMANDEMENT.

A droite & à gauche ſerrez vos files.

Les Soldats après avoir fait à droite & à gauche, partiront enſemble du pied gauche : au mot de *marche*, ils auront la jambe bien tendue, la lèveront & la poſeront tous en même temps, faiſant des pas de deux pieds; & les files les plus proches du centre s'arrêteront ſucceſſivement à meſure qu'elles arriveront ſur leur terrein.

Les Officiers & Sergens placés en avant & en arrière du bataillon, feront à droite & à gauche de même que les Soldats, & ſuivront le mouvement de leurs troupes pour ſe trouver toûjours vis-à-vis les intervalles par leſquels ils devront retourner à leur place : les Sergens des flancs marcheront auſſi devant eux, afin d'être toûjours à la même diſtance du bataillon.

45.e COMMANDEMENT.

Serrez les rangs à la pointe de l'épée.

Au mot de *marche*, les Soldats des trois derniers rangs s'ébranleront en même temps pour faire enſemble des pas de deux pieds; & ils s'arrêteront ſucceſſivement à meſure qu'ils auront ſerré à un pied de diſtance l'un de l'autre.

Les Officiers & Sergens placés derrière le bataillon, ſuivront ce mouvement pour être toûjours à la même diſtance du dernier rang du bataillon.

53.e COMMANDEMENT.

Genou en terre.

Ce commandement s'exécutera en deux temps.

Au premier, les Soldats du premier rang porteront le pied droit derrière le talon gauche en équerre, tournant la pointe du pied gauche en avant; ceux du ſecond rang porteront le pied gauche deux pouces en avant & vis-à-vis la pointe du pied droit, ſans la déborder; les Soldats du troiſième rang ſerreront le talon droit contre le talon

talon gauche ; ceux du quatrième rang porteront le pied gauche un pied en avant du pied droit, de façon que la pointe du pied soit à côté & à droite du talon droit de celui du troisième rang de sa file.

Au second temps, les Soldats des deux premiers rangs tomberont brusquement le genou droit en terre, douze pouces en arrière du talon gauche ; observant que, sans remuer le pied gauche, la jambe se trouve bien à plomb, & que la droite soit placée sur la même ligne sans la croiser : ceux du troisième rang porteront le talon gauche en avant, vis-à-vis d'où étoit la pointe de ce même pied, ayant attention de ne le pas jeter plus sur la gauche ; ceux du quatrième rang joindront le pied droit au talon gauche : les quatre rangs armeront en même temps leurs fusils.

54.e COMMANDEMENT.

En joue.

En un temps, on appuyera la crosse à l'épaule droite, en tenant le coude droit serré, les troisième & quatrième rangs portant le haut du corps en avant.

56.e COMMANDEMENT.

Chargez vos armes.

Ce commandement s'exécutera dans le même nombre de quatorze temps, porté par l'Ordonnance, avec les différences ci-après expliquées.

Au premier temps, les quatre rangs retirant leurs armes, comme il est expliqué au quinzième commandement, les Soldats des deux premiers rangs se relèveront brusquement, ceux du premier reportant le pied droit à six pouces en arrière du talon gauche, & ceux des trois derniers s'aligneront promptement sur leurs chefs de file, dans la position prescrite dans l'explication sur le quinzième commandement.

Le mouvement de passer les armes du côté de l'épée se fera aux huitième & neuvième temps, ainſi qu'il eſt marqué dans l'explication ſur le vingt-unième commandement.

Le dernier temps s'exécutera comme dans l'explication ſur le vingt-ſixième commandement.

58.e COMMANDEMENT.

Portez vos armes ſur le bras gauche.

Mêmes obſervations qu'au vingt-huitième commandement.

On ne fera deſſerrer les rangs & les files que quand on voudra recommencer l'exercice; & pour que les Officiers & Sergens puiſſent retourner à leur place, le Major fera le commandement ſuivant.

Par compagnie ſerrez vos files ſur le centre.

Les Soldats pour l'exécuter, ſe ſerreront de droite & de gauche ſur le centre de leurs compagnies, en ſe jetant bruſquement de côté.

Et lorſque les tambours appelleront, les Officiers & Sergens viendront reprendre leur place, paſſant par les intervalles entre les compagnies, & obſervant que les Capitaines doivent arriver les premiers, les Lieutenans enſuite, & les Sergens les derniers.

SUPPLEMENT

Pour les commandemens qui n'ont point été insérés dans l'Ordonnance du 7 mai 1750.

COMMANDEMENS *que l'on peut faire au Soldat portant le fusil sur l'épaule.*

I.

POUR L'INSPECTION DES ARMES.

Mettez la bayonnette au bout du canon.

EN six temps, comme aux deuxième, troisième, quatrième & cinquième commandemens de l'Ordonnance.

Reposez-vous sur vos armes en avant.

En deux temps: Au premier, le Soldat portera ses armes devant lui de la main droite qu'il tiendra à hauteur du nœud de la cravatte, & portera la main gauche au dessous de la droite.

Au second, il posera la crosse à terre entre ses deux pieds, & quittera vivement ses armes de la main droite.

Tirez vos épées.

En trois temps: Au premier, on passera la main droite par dessus le fusil, pour la porter à l'épée, & on commencera à la dégager du fourreau.

Au deuxième, on portera l'épée près du fusil, la tenant parallèle au canon, les deux mains à même hauteur.

Au troisième, on croisera l'épée sur le fusil, la passant sous les deux premiers doigts de la main gauche, la pointe d'un demi-pied plus éloignée du canon que la poignée, & plus élevée d'environ un pied.

Remettez vos épées.

En trois temps : Au premier, on relèvera la pointe de l'épée en la dégageant de dessous les doigts de la main gauche, & on la tiendra parallèle au fusil.

Au deuxième, on la remettra dans le fourreau, tenant toûjours la poignée de la main droite.

Au troisième, on reportera la main droite au dessus de la gauche pour empoigner le fusil.

Ouvrez le porte-cartouche.

Le Soldat portera vivement la main droite au porte-cartouche, & en relèvera la patte.

Joignez la main droite au fusil.

En un temps, il portera la main droite au bout du canon.

Remettez la bayonnette dans le fourreau.

Comme aux trentième & trente-unième commandemens.

Mettez la baguette dans le fusil.

En trois temps : Au premier, laissant la crosse du fusil posée à terre à la même place, la main gauche en fera pancher le bout du côté droit le plus qu'il se pourra, & la droite saisira en même-temps la baguette.

Au deuxième, on tirera la baguette comme il est dit au vingt-troisième commandement.

Au troisième, on la portera de biais au bout du canon dans lequel on la laissera tomber.

Retirez la baguette.

En deux temps : Au premier, on la retirera pour la reporter par le petit bout sur le ceinturon.

Au deuxième comme au vingt-cinquième commandement.

Remettez-

Remettez-vous.

En quatre temps : Au premier, on élevera le fusil à plomb de la main droite à un pied de terre, faisant glisser la main gauche à un demi-pied de l'extrémité supérieure de la platine.

Au deuxième, on passera la main droite au dessous de la soûgarde, & on portera le fusil droit, perpendiculairement entre les deux yeux, la platine en dehors, & le pouce de la main gauche à la hauteur du menton.

Au troisième, on portera le fusil de la main droite sur l'épaule, & on passera la main gauche à quatre doigts du bout de la crosse.

Au quatrième, on laissera tomber la main droite pendante.

II.

POUR S'ASSURER QUE LES ARMES ne soient point chargées.

Portez le fusil en avant.

En trois temps, comme au deuxième commandement de l'Ordonnance.

Mettez la baguette dans le fusil.

En deux temps : Au premier, on tirera la baguette comme il est dit au vingt-troisième commandement de l'Ordonnance.

Au deuxième, après avoir porté la baguette de biais au bout du canon, on l'y laissera tomber.

Retirez la baguette.

En deux temps : Au premier, on la retirera pour la reporter par le petit bout sur le ceinturon.

Au deuxième, on la remettra en son lieu, & on empoignera tout de suite le bout du fusil.

Remettez-vous.

En quatre temps, comme ci-dessus.

Toutes les fois que l'on devra faire l'exercice, on obſervera de faire exécuter ces commandemens avant de le commencer, afin d'éviter les accidens qui pourroient arriver, en ſe ſervant d'armes que l'on auroit oublié de décharger.

III.

Repoſez-vous ſur le fuſil.

En quatre temps : Le premier & le deuxième comme au ſecond commandement de l'ordonnance.

Aux troiſième & quatrième, on empoignera de la main droite le bout du fuſil, & on exécutera le ſurplus de ce qui eſt preſcrit au trente-deuxième commandement de l'Ordonnance.

COMMANDEMENS que l'on pourra faire au Soldat étant repoſé ſur le fuſil.

I.

POUR L'INSPECTION.

Repoſez-vous ſur le fuſil en avant.

En deux temps : Au premier, il portera le fuſil devant lui, de la main droite, joignant la gauche au deſſous de la droite.

Au deuxième, il poſera la croſſe à terre entre ſes deux pieds, comme il a été dit ci-deſſus en partant du fuſil ſur l'épaule.

Mettez la bayonnette au bout du canon.

En trois temps : Au premier, tenant ferme de la main gauche le fuſil ainſi poſé, on portera la droite à la bayonnette, & on la dégagera.

Au deuxième, on portera la bayonnette à un pouce au deſſus du bout du fuſil.

Au troiſième, on l'emboîtera dans le canon en un ſeul mouvement, & on replacera la main droite au bout du canon.

On fera enſuite les commandemens ci-deſſus pour l'inſpection des épées & des cartouches, pour remettre les bayonnettes, & pour mettre & retirer la baguette; après quoi le Soldat ayant reporté la main droite au bout du fusil en le redressant, on commandera :

Remettez-vous.

En deux temps: Au premier, la main droite portera le fusil sur la droite, l'élevant à quatre doigts de terre, & la main gauche glissera en même temps le long du canon à la hauteur du ceinturon.

Au second temps, la main droite laissera tomber le fusil à terre, & la gauche prendra sa place sur le côté.

II.

Portez le fusil sur l'épaule.

En quatre temps: Au premier, on élevera le fusil de la main droite d'un pied de terre, en le rapprochant de la cuisse droite, & on joindra tout de suite la main gauche à un demi-pied de l'extrémité supérieure de la platine.

Les trois autres temps comme au commandement de *Remettez-vous,* en partant du fusil sur l'épaule.

COMMANDEMENT *qu'on peut faire au Soldat ayant les armes présentées.*

Reprenez la bayonnette.

En quatre temps: Au premier, on fera à gauche pour faire face en tête, & la main droite quittant le fusil on le retournera de la main gauche en la portant à un demi-pied de la partie gauche de la cuisse gauche, le bras gauche étendu de toute sa longueur, tenant le fusil de biais, le bout penché du côté droit; & la main droite empoignera le bout du canon, observant que le bout du pouce soit au bout de la monture vis-à-vis & à la hauteur de l'épaule, le coude à demi courbé sans être levé.

Les trois autres temps comme il est dit aux trentième & trente-unième commandemens de l'Ordonnance.

Commandement que l'on peut faire au Soldat ayant la bayonnette au bout du fusil, & portant ses armes en avant.

Présentez vos armes.

En un temps : en faisant à droite, la main droite qui tenoit le bout du fusil le quittera pour l'empoigner derrière le chien, la main gauche retournant le fusil, de manière que le bout se trouve vis-à-vis l'œil gauche, comme il étoit auparavant vis-à-vis l'œil droit.

Commandement pour que le Soldat qui porte son fusil, le porte sur l'épaule.

Portez le fusil sur l'épaule.

En quatre temps : Au premier comme au premier temps du quarante-sixième commandement de l'Ordonnance.

Au second, on placera la main gauche sur la crosse, à quatre doigts du bout, tenant le fusil bien perpendiculairement droit entre la tête & l'épaule, le canon en dehors.

Les troisième & quatrième temps comme au sixième commandement de l'Ordonnance.

A PARIS, DE L'IMPRIMERIE ROYALE. 1753.

www.ingramcontent.com/pod-product-compliance
Ingram Content Group UK Ltd.
Pitfield, Milton Keynes, MK11 3LW, UK
UKHW020230180726
13838UKWH00005B/2290

9 782329 413822